RAISON FUNEBRE

DE TRÈS-HAUT TRÈS-PUISSANT SEIGNEUR OUIS-NICOLAS-VICTOR DE FÉLIX, OMTE DU MUY,

MARÉCHAL DE FRANCE,

evalier des Ordres du Roi, Miniſtre & Secrétaire d'Etat au Département de la Guerre, ci-devant Menin de Monſeigneur le Dauphin, Directeur & Adminiſtrateur de l'Hôtel Royal des Invalides.

ononcée dans l'Egliſe de cet Hôtel, le 24 Avril 1776.

r Meſſire JEAN-BAPTISTE-CHARLES-MARIE DE BEAUVAIS, Evêque de Senez.

A PARIS,

hez J. G. MÉRIGOT jeune, Libraire, Quai des Auguſtins, au coin de la rue Pavée.

M. DCC. LXXXI.

ORAISON FUNEBRE
DE TRÈS-HAUT
ET TRÈS-PUISSANT SEIGNEUR
LOUIS-NICOLAS-VICTOR
DE FÉLIX,
COMTE DU MUY,
MARECHAL DE FRANCE, &c.

Mélior est qui dominatur animo suo, expugnatore urbium.

Celui qui domine sur son âme, est supérieur à celui qui prend les villes.

Ces paroles sont tirées du Livre des Proverbes, *chap. XVI.*

SI je n'ai point à vous présenter aujourd'hui, MESSIEURS, les faits éclatans qui ont coutume de relever la pompe de ces lugubres cérémonies;

ſi je n'ai point à célébrer devant vous un de ces heureux Guerriers qui ont occupé l'Univers du bruit de leurs victoires, un de ces politiques fameux qui ont changé la deſtinée des empires, un de ces génies hardis qui ont fait révolution dans les opinions de leur ſiècle; combien le ſpectacle que j'ai à vous offrir eſt-il plus grand & plus intéreſſant aux yeux de la religion, & aux yeux même de la ſageſſe humaine, que tout ce vain appareil dont nous nous laiſſons éblouir! Gloire profane diſparoiſſez; je vais parler de la vertu. Oui, que le génie avec ſes productions les plus brillantes, que la politique avec ſes plus illuſtres révolutions, que la victoire elle-même avec tous ſes trophées, vienne tomber aux pieds de la vertu. Ainſi l'a prononcé l'arbitre ſuprême du mérite des hommes. *Melior eſt qui dominatur animo ſuo, expugnatore urbium.*

Je viens, MESSIEURS, célébrer un homme que vous avez proclamé vous-mêmes comme le Juste de votre siècle ; un homme qui a su planer au-dessus des vices & des illusions de ses contemporains ; un homme qui joignoit à l'honneur françois la magnanimité romaine, & les lumieres de son siècle à la franchise & à la vaillance de nos anciens Chevaliers. Je viens célébrer une probité inaltérable au milieu des dangers de la Cour ; une pureté incorruptible au milieu de la contagion des nouvelles mœurs ; une foi, une piété inébranlable au milieu des ravages de l'incrédulité ; un homme également vénérable, & par ses Vertus civiles, & par ses Vertus morales, & par ses Vertus religieuses.

Enfin, MESSIEURS, je viens vous parler de l'ami le plus cher de ce vertueux Prince qui étoit destiné à faire le bonheur & la gloire de cette génération. C'étoit le confident le plus intime de ses sentimens, de ses projets, de ses nobles travaux, & qui préparoit avec lui votre félicité. La mort même n'a pu les ſéparer, & il faut que leurs cendres repoſent dans le même temple ! Mon Dieu, il ſembloit que vous aviez préparé deux grandes ames pour rétablir la vertu & la félicité d'une grande nation ! Un Prince le plus digne de regner, un Miniſtre le plus digne d'être l'ami d'un Roi ; & le Prince expire au pied du trône où il eſt prêt de monter ; & le Miniſtre meurt au moment où il eſt appellé au Conſeil du Souverain ; & toutes ces magnifiques eſperances ſont enſevelies avec le Miniſtre & le Prince, dans leurs tombeaux réunis ! Ainſi, foibles humains, ainſi le Tout-puiſſant veut vous apprendre à ne point établir votre confiance ſur le fragile appui des Princes & des enfans des hommes.

Mais nous bornerions-nous, MESSIEURS, à de vains regrets & à de ſtériles éloges. Hélas ! que font nos louanges à ceux qui ont diſparu de ce monde viſible! Iront-elles ranimer leurs cendres dans leurs tombeaux! ou ſi ce vain bruit retentit juſqu'à leurs ames, quelle impreſſion leur peut-il faire dans le nouvel ordre d'exiſtence où elles ſont paſſées! Mortels vulgaires, qui ſerez oubliés ſitôt que vous ne ſerez plus, conſolez-vous, & n'enviez point aux hommes illuſtres leur inutile gloire.

Propoſons-nous en ce jour un objet plus ſalutaire & plus digne du ſaint miniſtère que je remplis. François, Chrétiens, vous ne pouvez vous diſſimuler les maux qui affligent votre ſiècle & votre nation; la décadence de la religion, le déſordre des mœurs, la dégradation des qualités même les plus néceſſaires pour la gloire & la félicité de cet Empire. Cherchons dans les principes & dans les exemples du Juſte à qui nous rendons les derniers devoirs; dans ſes Vertus civiles, dans ſes Vertus morales, dans ſes Vertus religieuſes, les moyens de remédier à nos malheurs. Profitons des obsèques de cet homme vertueux, & de l'illuſtre concours qu'elles ont raſſemblé pour faire revivre dans vos ames les ſentimens dont il étoit animé. Tel eſt l'objet du Diſcours que nous conſacrons à la Probité, aux Mœurs, à la Piété, ſur le tombeau de Très haut, & Très-puiſſant Seigneur LOUIS-NICOLAS-VICTOR DE FÉLIX, COMTE DU MUY, Maréchal de France, Chevalier des Ordres du Roy, Miniſtre & Secrétaire d'Etat au département de la guerre, ci-devant Menin de Monſeigneur le Dauphin, Directeur & Adminiſtrateur de cet Hôtel.

PREMIERE PARTIE.

QUAND nous parlons de la probité inaltérable du Juſte dont nous célébrons la mémoire ; ne vous figurez pas ſeulement, MESSIEURS, une ame exempte des injuſtices que le monde lui-même a réprouvées : louer un homme ſi vertueux de n'avoir pas été injuſte, ce ſeroit faire injure à ſa gloire. Un déſintéreſſement au deſſus des richeſſes, des honneurs, de la gloire même, de la gloire, le dernier ſacrifice du Sage ; une noble franchiſe qui ne ſait oppoſer aux artifices de l'intrigue qu'une droiture infléxible ; un amour de la vérité incapable de la trahir, je ne dis pas ſeulement par l'adulation, mais par un timide ſilence ; une ame ferme & inébranlable dans ſes principes, ſupérieure aux diſgraces & aux faveurs des Cours, aux applaudiſſemens & aux murmures des peuples ; telle eſt la haute idée que le Chevalier DU MUY s'eſt formée de la probité d'un homme deſtiné à remplir les grandes places de l'Etat ; & tel ſera dans les circonſtances les plus critiques de ſa vie, la règle immuable de ſa conduite.

Quel caractère plus digne de l'amitié d'un Prince, d'un Prince digne lui-même de l'amitié ! l'Héritier préſomptif du Trône étoit arrivé à cette époque de la vie, ſi périlleuſe pour tous les hommes, mais bien plus périlleuſe encore pour les enfans des Rois. Au milieu des preſtiges dont la volupté environne la jeuneſſe des Princes, l'ame pure & ſenſible du Dauphin ne veut connoître que l'amitié : mais effrayée des intrigues & des artifices qui aſſiégent les Trônes, hélas, l'amitié oſe-t-elle habiter dans les maiſons des Rois ! le Dauphin cherche de toute part un ami, mais un ami de ſa vertu & de ſa gloire, un ami ſincère & courageux qui lui manifeſte cette verité ſévère, que la flatterie écarte loin des Princes: enfin, ſes regards ſe repoſent ſur le Chevalier DU MUY; & quand il eut connu toute la nobleſſe & la pureté de cette ame, avec quelle tendreſſe il l'aima! l'ame du fils du Roi d'Iraël n'étoit pas plus étroitement unie à l'ame de David; *anima Jonathæ conglutinata eſt animæ David* (a). Que ce ſiècle écoute avec reſpect un témoignage de cette vertueuſe amitié, bien éloigné ſans doute de nos nouvelles mœurs; mais qui n'en eſt que plus digne de notre admiration. O Piété, ô Foi antique! Dans les momens où le Dauphin méditoit devant Dieu ſur ſes devoirs & ſes hautes deſtinées, écoutez, MESSIEURS, la prière qu'il adreſſoit au Protecteur des Rois (car elle a été trouvée parmi les écrits précieux de ce Prince; ſa main auguſte en avoit

(a) *L. I. Reg. C. 18.*

tracé elle-même les caractères). *Mon Dieu, protégez votre fidèle ſerviteur, le Comte* DU *MUY; afin que ſi vous m'obligez à porter le peſant fardeau de la Couronne, auquel ma naiſſance me deſtine, il puiſſe me ſoutenir par ſes vertus, ſes conſeils & ſes exemples.* L'amitié a-t-elle jamais donné dans l'Univers un ſpectacle plus auguſte & plus touchant que l'union de ces deux ames! qu'elle ſoit conſignée dans les faſtes de la monarchie, pour la gloire de l'amitié & pour l'exemple des Rois.

Ne croyez pas, MESSIEURS, que l'attachement du Chevalier DU MUY pour ſon Prince, lui faſſe oublier ce qu'il doit à l'Etat; & eût-il été digne d'être l'ami du Dauphin, s'il avoit pu le préférer à la Patrie! il s'étoit ſéparé d'une ſociété ſi douce pour aller braver les périls de l'une de nos guerres les plus juſtes, mais les plus malheureuſes. Braves Guerriers, compagnons de ſes périls, vous l'avez vu au champ funeſte de Crévelt, baigné dans ſon ſang, & prêt, pour me ſervir de l'expreſſion de votre courage, prêt à mourir au lit d'honneur. O François, combien de ſang vous avez répandu dans cette guerre, combien de prodiges de valeur devenus inutiles par les meſintelligences qui diviſoient nos armées? L'eſprit de diſcorde avoit donc tranſporté juſqu'au milieu du Champ de l'honneur les viles intrigues des Cours? Plaignons les Héros de n'être pas à l'abri de l'artifice des méchans. Cruelles intrigues, ſources ſanglantes de tous nos revers! rappelez-vous, MESSIEURS, le zéle & les efforts du Chevalier DU MUY pour appaiſer ces diviſions funeſtes. Vaillans Guerriers, s'il reſtoit encore dans vos ames quelques veſtiges des anciennes défiances; puiſſiez-vous, nous vous en conjurons tous au nom de l'Etat, nous vous en conjurons au nom de votre propre gloire; puiſſiez-vous les dépoſer en ce moment, dans ce Temple au pied de cet autel, devant le tombeau de ce vertueux Citoyen, & les ſacrifier pour jamais à votre Dieu, à votre Roi & à votre Patrie.

L'ami du Chevalier DU MUY, & combien ces deux Guerriers étoient dignes d'être unis par leur vertu comme par leur courage! Le Vainqueur de Berghen venoit d'être nommé pour réparer les malheurs de nos armées: il choiſit le Chevalier DU MUY pour remplacer ce Guerrier fameux que l'armée Françoiſe venoit de perdre. Foibles humains, quel nuage couvre à vos yeux vos deſtinées futures! ce même Guerrier à qui le Chevalier DU MUY ſuccède dans le commandement des armées doit lui ſucceder un jour à lui-même, dans le Conſeil du Souverain: après avoir éprouvé les rigueurs de l'adverſité, il doit remonter à la plus haute faveur; monument illuſtre des viciſſitudes humaines! Le Chevalier DU MUY a donc pour la première fois, les honneurs du commandement ; & que n'a-t-on pas droit d'attendre de ſa réputation militaire ! il eſt attaqué à Warbourg : Warbourg ! à ce nom vous croirez, MESSIEURS, que nous allons épuiſer toutes les reſſources de l'Art, pour pallier une défaite. Sans doute, je pourrois faire valoir ici les circonſtances de ce combat ; la ſupériorité du nombre des ennemis, ce brouillard épais qui obſcurcit les airs & qui trompe la vigilance la plus attentive ; car à quoi tiennent ſouvent les plus grands évènemens de la guèrre ? Non, MESSIEURS, nous l'avouerons avec la même franchiſe qu'il l'avoua lui-même, il fut vaincu ; mais apprenez comment une grande ame ſait ſoutenir & expier le malheur. Des eſprits inquiets veulent exciter le Chevalier DU MUY à faire retomber ſur d'autres Guerriers cet évènement malheureux : *laiſſons ;* dit-il, *laiſſons aux Courtiſans la vile pâture de leurs jalouſies & de leurs intrigues.* Un homme plus occupé de ſa renommée que du bien public, eût cherché à effacer ce revers par quelque exploit plus heureux, & il n'eût pas craint de laver ſa gloire dans des flots de ſang ; mais l'homme vertueux ſe croiroit coupable d'un attentat envers la Patrie, s'il faiſoit couler pour ſa gloire le ſang d'un ſeul homme. Le Chevalier DU MUY craint que ſon malheur n'ait diminué le courage & la confiance du Soldat : *le Soldat ignore*, dit-il, *que je n'ai pas été battu à Warbourg par ma faute ; il a perdu confiance en moi ; donnez le commandement*... (Guerriers qui ſentez ſi vivement toutes les délicateſſes des prééminences militaires, écoutez & admirez) *donnez le commandement à un Chef plus heureux, je ſervirai ſous lui.* Et avec quelle ſenſibilité, MESSIEURS, avec quelle généroſité il recueille & il adopte les enfans de tous les Braves qui ont péri dans cette malheureuſe journée ! Il a donc été vaincu ; mais ô modération plus admirable que la victoire ! il a vaincu, il a dompté ſon ame ; *melior eſt qui dominatur animo ſuo, expugnatore urbium.*

Enfin cette guerre malheureuſe étoit terminée ; le Chevalier DU MUY étoit venu ſe repoſer aux pieds de ſon Prince & continuer auprès de lui l'étude ſublime de la ſageſſe & de la politique. O vous qui aviez le bonheur d'être admis dans cette Société auguſte, racontez comment au milieu des paſſions qui agitent les Cours, ils étudioient enſemble le grand Art de gouverner les hommes & de les rendre heureux. Ainſi donc l'Héritier du Trône préparoit avec le Chevalier DU MUY, la félicité de cette génération : hélas que n'eût pas fait ce vertueux Prince ! avec quelle tendreſſe il eût aimé ſon peuple ! avec quelle ſageſſe il nous eût gouvernés ! ſon auguſte Fils, malgré les grandes eſpérances qu'il donne à la Nation, ſon Fils approuvera des regrets qu'il partage avec nous. Mais une langueur mortelle vient l'envelopper de ſon ombre. O quel deuil va couvrir toute la face du royaume ! & quelle ſera donc la douleur du plus cher & du plus tendre ami de ce Prince ! cette ame ſi ferme & ſi courageuſe eſt prête à ſuccomber : le Dauphin expirant eſt obligé de conſoler lui-même ſon malheureux ami. *ne vous abandonnez pas à la douleur* (ce ſont les propres expreſſions de ce Prince, recueillies ſur ſes lévres mourantes) : *conſervez-vous pour ſervir mes enfans : ils auront beſoin de vos lumieres & de vos vertus : ſoyez-leur de l'utilité dont vous m'auriez été à moi-même ; donnez à ma mémoire cette preuve de votre tendreſſe, & ſur-tout que leur jeuneſſe dans laquelle j'eſpère que Dieu les protégera, ne vous éloigne jamais d'eux.* O Prince, qui devriez maintenant régner ſur nous, hélas il ſemble que ce jour rouvre votre tombeau & qu'il renouvelle vos funérailles ! Recevez les larmes & les bénédictions que nous vous offrons ſur le cercueil de votre plus cher & votre plus fidèle Serviteur.

Si le Chevalier DU MUY eût ſuivi le conſeil de ſon cœur affligé, il eût abandonné la Cour & les Armées, pour ſe livrer tout entier à ſon deuil. Déjà il a fait creuſer ſon tombeau au pied du tombeau de ſon auguſte Ami : l'expreſſion de ſa douleur eſt gravée ſur ſa tombe : c'eſt ici le terme de ma douleur ; *HUC USQUE LUCTUS MEUS.* Mais fidèle aux derniers voeux du Dauphin, il continue de ſervir l'Etat ; & avec quelle ſageſſe, avec quelle magnanimité il ſe conduit au milieu des piéges & des écueils dont il eſt environné ! Il veut honorer la mémoire de ſon Prince ; & ce pieux ſentiment ſemble donner encore plus de vigueur & d'élévation à ſon ame. Oſerai-je tout dire, MESSIEURS ? Mais je dois ce témoignage à la gloire du

Chevalier DU MUY ; je le dois à la Vérité. Tandis qu'une déplorable complaiſance, ou bien une ambition plus déplorable encore, courbe les têtes les plus illuſtres & les plus fières devant les idoles de la faveur ; *Cuncti ſervi Regis qui in foribus palatii verſabantur flectebant genua* ; le Chevalier DU MUY demeure inflexible, *ſolus non flectebat genu* (*a*) ; ſeul il ſoutient la dignité de la vertu.

Quel eſt ſur tous les eſprits l'empire d'une vertu conſtante ! Dans le moment même où les intrigues fermentent avec le plus de violence ; Louis XV, dont l'ame droite & le coup-d'œil juſte tendoit toujours au bien quand il n'étoit pas détourné par les artifices des flatteurs, dont les meilleurs Princes ſont hélas les victimes ; Louis XV appelle à ſes Conſeils le vertueux ami de ſon Fils. Souvenez-vous, MESSIEURS, de l'hom-

(a) *Eſther.* C. 3.

mage qui fut alors rendu à la probité du Chevalier DU MUY, & de l'unanimité avec laquelle les partis les plus opposés, réunissoient pour lui leurs suffrages : mais sa modération refuse l'honneur du ministère. Il sembleroit d'abord, MESSIEURS, que nous ne pourrions trop exalter cet acte sublime de désintéressement : malgré notre respect pour la mémoire du Maréchal DU MUY, osons dire que sa modération lui fit oublier en ce moment le zèle qu'il devoit à l'Etat. Et si tous les hommes vertueux s'éloignoient ainsi de l'administration publique, quel seroit donc le sort des malheureux humains devenus la proie du premier ambitieux qui s'empareroit de l'autorité ! Mais la Cour étoit alors agitée par tant d'orages ! plus la Cour étoit agitée, plus le Roi avoit besoin de l'homme vertueux qu'il appeloit auprès de son Trône. » Mais l'in- » flexibilité de ses principes lui auroit » suscité des ennemis, & le cri d'ap-

»probation ſe ſeroit changé en cri de »blâme & de haine (*a*)! Hé bien, Messieurs, quel ſort plus beau pour une ame telle que la ſienne! il eût ſuccombé noble victime de la vertu & du bien public.

Mais quel coup terrible vient frapper la France & lui enlever ſon Roi! François, pleurez ce Roi qui vous avoit été ſi cher; & que les malheurs qui ont affligé la fin de ſon règne, ne faſſent oublier jamais à la Nation la tendreſſe & la vénération immortelle qu'elle doit à la mémoire du plus doux & du plus humain de ſes Rois; mais raſſurez-vous ſur vos deſtinées, & que la jeuneſſe de votre nouveau Maître ne vous allarme point. Bien différent de ce jeune Roi d'Iſraël, qui n'avoit raſſemblé autour de lui que de jeunes Courtiſans, Conſeillers téméraires d'un Prince ſans expérience; Louis XVI appelle auprès

(a) *Extrait de ſa Lettre au Roi.*

de ſon Trône les Anciens de ſa Nation & le fidèle Ami de ſon Père. Enfin l'inflexible modération du Chevalier DU MUY eſt forcée de céder ; il ne peut réſiſter à ſon reſpect pour la mémoire de ſon auguſte Ami. *J'aurois*, dit-il, *j'aurois refuſé le Roi ; mais je ne puis refuſer le Fils de M. le Dauphin.* Quelle fut alors, MESSIEURS, la conſolation & l'attente de tout le Royaume ! Hélas, nous crumes voir revivre auprès de notre jeune Maître, ſon vertueux Père, dans la perſonne qui lui avoit été la plus chère, & qu'il avoit léguée lui-même à ſes enfans ! Vaines eſpérances des malheureux mortels ! une mort prématurée ne devoit donc laiſſer à ce vertueux Miniſtre que le temps de donner encore à la France de nouveaux exemples de ſon déſintéreſſement & de ſa juſtice.

Juſqu'à cette époque, MESSIEURS, le Chevalier DU MUY avoit conſervé toute ſa nobleſſe & la pureté de ſes ſentimens : mais ſa vertu n'avoit pas encore éprouvé les plus grands périls. Partager avec ſon Souverain la puiſſance ſuprême, être placé à la ſource même des honneurs & des grâces, & pouvoir y puiſer à ſon gré; quel écueil pour le déſintéreſſement & la modération, & combien d'hommes arrivés vertueux à ces dangereuſes places y ont vu échouer leur gloire avec leurs principes! Ne craignez rien, MESSIEURS, pour les principes inébranlables du Chevalier DU MUY: plus il a de crédit & de puiſſance, plus cette ame noble trouveroit audeſſous d'elle de profaner ſon élévation par l'orgueil ou le vil intérêt. Le Roi lui aſſigne les fonds que l'Etat a coutume de donner à ſes Miniſtres pour ſoutenir l'éclat de leur dignité : touché de l'épuiſement de l'Etat & de la miſère du Peuple, le généreux Miniſtre renvoie au Tréſor public, tout ce qu'une auſtère économie a pu épargner, & chaque année il ſe propoſe d'offrir d'offrir au Roi & à l'Etat ce tribut de ſon déſintéreſſement. Il peut donc dire comme cet homme juſte & génèreux, dont les divins Oracles ont tranſmis l'exemple à la poſtérité : » Moi, qui craignois le Seigneur, » bien loin de charger le Peuple, je » ne prenois pas même les revenus de » mes emplois, *annonas ducatûs mei non quæſivi*, » car le peuple étoit » épuiſé » *valde enim attenuatus erat Populus*, » mon Dieu, ſouvenez-vous » de moi en bien, ſuivant le bien que » j'ai fait à ce Peuple, » *memento mei in bonum ſecundùm omnia quæ feci Populo huic.* a)

Voici, MESSIEURS, une tentation plus ſéduiſante pour une ame ſenſible à la gloire. LOUIS XVI veut ſignaler ſon avènement au Trône par la diſtribution des grâces les plus illuſtres dont un Roi de France puiſſe décorer ſes Sujets. L'ancienneté des

(a) *Eſdras L. 2. C. 5.*

ſervices du Comte DU MUY, ſes vertus militaires, l'amitié du Dauphin, l'eſtime du feu Roi, la confiance du Roi régnant, tout lui aſſure le ſceptre des Guerriers. Mais il ne ſe croit pas digne d'un titre ſi glorieux : ſa modeſtie lui remet devant les yeux la malheureuſe journée de Warbourg & il penſe qu'un Maréchal de France doit être proclamé par la Victoire. Il cède enfin à la volonté de ſon Maître. Il ne m'appartient pas de décider ſi un refus conſtant n'eût pas été plus conforme à ſes principes, & s'il n'eût pas encore plus honoré ſa mémoire aux yeux de la poſtérité, que le nom de Maréchal de France gravé ſur ſa tombe ; du moins j'oſerai dire avec confiance, que s'il n'a pas mérité cet honneur ſuprême de la guerre par des victoires, jamais aucun Guerrier françois ne l'a mérité davantage que le Maréchal DU MUY par ſa valeur & ſa magnanimité.

Dans quelles mains plus dignes,

le Prince pouvoit il dépoſer le tréſor le plus ſacré de l'Etat, les récompenſes militaires, le prix du ſang de ſes Sujets ? Mais combien de contradictions ce Miniſtre fidèle n'aura-t-il pas à éprouver de la part de ces hommes puiſſans & inſatiables qui inveſtiſſent les Trônes, & qui ont dit dans leur cœur, envahiſſons toutes les grâces du Souverain, c'eſt notre héritage; tandis que des noms ni moins anciens ni moins reſpectables; tandis que des hommes dignes par leurs grandes qualités d'orner la Cour des Rois & de remplir les premières places de l'Etat languiſſent éternellement ſans émulation dans les honneurs obſcurs de quelque emploi inférieur. Et encore combien d'artifices de la part de ces ambitieux ſubalternes qui viennent aſſiéger les Cours & ſurprendre par leurs intrigues le prix du mérite & des ſervices. Reſpectables Guerriers, qui ne ſavez que mériter les grâces, & qui dédaignez le talent de les ſolliciter, raſsurez-vous ; vous avez dans votre Ministre un protecteur intrépide qui saura défendre vos droits contre les prétentions injustes de vos rivaux. Car ne pensez pas, MESSIEURS, que le Maréchal DU MUY ne fut si ferme contre le crédit & les intrigues que pour se conserver la liberté de dispenser arbitrairement les grâces : les plus anciens & les meilleurs serviteurs du Roi, voilà les créatures, voilà les amis, les frères de l'impartial Ministre ; sa bienfaisance, c'est sa justice.

Malgré le respect que sa vertu avoit imposé à la Cour & à toute la Nation, quelle sourde rumeur s'élève contre cet homme juste ? Épuisé depuis longtems par les récompenses excessives prodiguées aux Grands, le Trésor de la Guerre pouvoit à peine suffire à l'entretien de nos armées ; le Maréchal DU MUY a formé le projet courageux de retrancher les profusions, & de rappeler la haute Noblesse du royaume à l'ancien esprit de la Nobleſſe Françoiſe, à ſervir l'État pour la gloire & non pour les richeſſes. Des Courtiſans avides oſent accuſer le Miniſtre d'une ſordide parcimonie ; reproche glorieux qu'il ſe félicite de partager avec ce bon Roi qui mérita le ſurnom de *Père du peuple.* Il faut, MESSIEURS, il faut le révéler aujourd'hui ſolemnellement le reſpectable ſecret de cette économie ſi injuſtement cenſurée. Si le Maréchal DU MUY veut borner les largeſſes du Prince envers les Grands, ſur qui veut-il les faire refluer! Malheureux ſoldats, apprenez que c'eſt ſur vous. Cette ame juſte & compatiſſante ne peut ſouffrir que votre profeſſion, la plus noble de toutes, & qui fait les plus grands ſacrifices, ſoit la plus miſérable. Par un ſage retranchement des dépenſes ſuperflues, il veut mettre le Prince en état d'augmenter votre ſolde, ce foible prix de votre ſang, ſans augmenter les fardeaux de ſon peuple. Que la Cour murmure, mais que la

Nation applaudiſſe; qu'elle applaudiſſe à l'économie généreuſe qui ne refuſe aux Grands un injuſte ſuperflu, que pour préparer le neceſſaire aux malheureux, & aux plus intéreſſans, aux plus reſpectables de tous, aux malheureux ſoldats.

Il faut venger la mémoire du Maréchal DU MUY, d'un préjugé plus grave encore. Il eſt vrai, MESSIEURS, il a ſoutenu la diſcipline militaire avec une fermeté qui a pu paroître trop rigide dans le relâchement de nos nouvelles mœurs. Miniſtre de douceur & de clémence, je ſouffre d'être obligé de juſtifier la ſévérité; notre bouche ne voudroit prononcer que des paroles de paix: mais avec toute l'indulgence & la charité de notre miniſtère, pouvons-nous ne pas reconnoître la néceſſité de maintenir une ſubordination qui fait toute la vigueur des armées & la ſûreté des peuples? Et où en ſeroient les peuples & les armées elles-mêmes, ſi une diſcipline inflexible ne contenoit pas cette innombrable multitude qui porte dans ſes mains le repos ou le bouleverſement des nations ? Mais ici il me ſemble entendre retentir les gémiſſemens des malheureux guerriers condamnés par ce jugement terrible dont toute la France a retenti. Triſtes victimes, que le Comte DU MUY fut forcé de ſacrifier à la ſubordination militaire, Dieu nous eſt témoin de notre ſenſibilité à votre malheur & des vœux que nous formons pour voir abréger vos peines. Le Prince peut pardonner ce que le Juge doit punir ; & puiſſe la clémence du Roi adoucir les rigueurs de la Juſtice ! Mais obligé de ſe conformer à la lettre inexorable de la Loi, le Comte DU MUY étoit-il le maître de ſuivre les mouvemens de ſon humanité ? J'en atteſte les Juges illuſtres qui compoſoient avec lui ce reſpectable tribunal, & que le Prince avoit choiſis entre les guerriers les plus ſages comme les plus braves de la Nation.

Le Comte DU MUY a donc été forcé d'être févère : mais j'ofe appeler ici en témoignage la Cour, les Armées, la France entière ; j'ofe dire au nom du Maréchal DU MUY, comme l'un des Chefs de l'ancien Peuple le difoit autrefois à fa nation affemblée : *Loquimini de me coram Domino, fi oppreffi aliquem ;* « Parlez de moi devant le » Seigneur, dites fi jamais j'ai opprimé » aucun citoyen, dites fi jamais j'ai » abufé de ma puiffance ». Quel fujet plus attaché que le Comte DU MUY aux principes de la Monarchie ; & quel Républicain plus oppofé aux abus du pouvoir arbitraire ? quel Miniftre plus réfervé, & pour ces coups d'autorité, néceffaires quelquefois dans un grand État, mais dont l'abus eft fi funefte ; & pour ces ordres particuliers que l'on décore de l'augufte nom du Prince, mais qui ne font que la volonté d'un de fes fujets ; & pour ces profcriptions formidables qui peuvent précipiter l'innocent avec le coupable dans les demeures terribles de la colère & de la juſtice des Roix ? Ne point uſer de l'autorité où les Loix peuvent agir, voilà le principe invariable de ſon adminiſtration. Voyez-le dans toutes les circonſtances où l'intérêt de l'État, où une impérieuſe néceſſité ne force point ſon caractère, & où il peut ſe livrer au mouvement naturel de ſon cœur. Ce Miniſtre ſi ferme & ſi rigide envers les Grands, voyez avec quelle humanité il traite les malheureux ſoldats ; ce Miniſtre qui punit ſi ſévèrement les fautes commiſes contre l'État, voyez avec quelle facilité il pardonne les fautes commiſes contre lui-même ; ce Miniſtre qui ménage avec une économie ſi ſévère la fortune publique, voyez avec quelle généroſité il répand ſa propre fortune en aumônes & en bienfaits ſur la pauvre Nobleſſe, ſur les pauvres guerriers, ſur les pauvres citoyens, ſur les pauvres agriculteurs, ſur les infortunés de toutes les conditions. Dans le plus économe & le plus inflexible des Ministres, voyez le plus indulgent & le plus généreux des hommes. Mais une ame forte fait s'élever au-dessus des injustes soupçons & des vaines rumeurs. Ferme dans l'exécution de ses projets, le Maréchal DU MUY est comme l'Ange du Seigneur, il n'est ému, ni par les bénédictions, ni par les malédictions; *rien*, dit-il, *rien au monde n'influe sur ma conduite, Dieu & le Roi voilà la règle de mes devoirs;* il ne cherche point à plaire aux hommes; il veut leur être utile, & il auroit le courage de sacrifier sa gloire même au Bien public.

Noblesse guerrière, respectable postérité de nos anciens Héros, telle est l'héroïque probité que nous osons vous proposer pour modèle. Nous rendons gloire à cette valeur brillante qui vous distingue toujours dans les combats: mais la vraie magnanimité, mais cette divine flamme de l'héroïsme qui échauffoit vos aïeux, est-elle aussi vive dans vos ames, & tout l'honneur François ſe réduiroit-il maintenant à ſavoir donner ou recevoir la mort! Ah! ſi jamais l'eſprit d'intrigue & d'intérêt venoit à dominer la plus noble partie de la Nation; ſi vous vous accoutumiez à ſubſtituer le vain éclat des titres à la gloire des grandes actions; ſi vous n'ambitionniez plus les emplois pour l'honneur, mais pour la fortune; ſi votre délicateſſe ceſſoit d'être alarmée ſur les moyens de parvenir; ah! malheur à l'État où cet eſprit ſervile pourroit devenir le principal reſſort de l'émulation! Que ne puis-je vous émouvoir tous par les motifs divins qui devroient ſeuls animer des Chrétiens! Puiſſe du moins le ſentiment de l'honneur ſuppléer à la vertu! Nobleſſe Françoiſe, l'honneur, l'honneur! voilà dans l'ordre des choſes humaines, voilà le ſeul prix qui ſoit digne de vous. Mais, grand Dieu, daignez élever vous-même leurs ſentimens; daignez leur inſpirer les qualités qui ſont la gloire & la proſpérité des Nations. Nous ne vous demandons point des talens brillans, mais des eſprits ſages & des cœurs vertueux; Nous ne vous demandons point ſeulement de grands génies; mais plutôt de grandes ames, des ames juſtes & déſintéreſſées, des ames fortes & courageuſes, comme l'ame de l'homme vertueux que vous venez d'appeler à vous: mais avec la générosité & l'élévation de ſes ſentimens, daignez, mon Dieu, daignez ranimer encore dans cette Nation, ſon reſpect & ſon zèle pour les mœurs; c'eſt le ſujet de la ſeconde partie.

SECONDE PARTIE.

DANS un siècle où les Mœurs & leurs principes sacrés ont éprouvé une si triste dégradation ; où l'on n'est plus seulement vicieux par foiblesse, mais où l'on veut l'être par systême : dans un siècle qui semble toucher au dernier degré de la dépravation, & où les erreurs deviennent les principes, où les vices deviennent les mœurs ; quel spectacle, MESSIEURS, qu'une ame qui a pu échapper aux illusions de ses contemporains, & conserver au milieu des ruines de son siècle, toute l'austérité des anciennes mœurs, & toute la rigidité des anciens principes ! Tel l'Histoire nous représente, dans la décadence d'un grand Empire, cet homme fameux par la constance de sa vertu, & qui fut surnommé *le dernier des Romains*. Hélas ! celui que nous venons de perdre auroit-il encore avec lui cette fatale ressemblance, & pleurerions-nous en ce jour sur le tombeau du dernier de nos Sages ?

La piété n'avoit pas encore pris sur l'ame du Chevalier DU MUY tout l'empire que nous avons admiré depuis; il étoit dans l'ardeur de la jeunesse & dans la périlleuse profession des armes; & déjà quelle étoit la sagesse & la gravité de ses mœurs ! Ne craignez point, MESSIEURS, qu'il se laisse entraîner par l'exemple de cette jeunesse insensée, qui cherche dans la guerre la licence plutôt que la gloire, & dont les désordres sont les premiers exploits. S'éloigner des sociétés frivoles & dangereuses, & s'attacher aux Guerriers les plus respectables par leur expérience & leur vertu; n'éviter aucune fatigue & ne craindre aucun péril; ne rien refuser par timidité; ne rien chercher par ostentation; observer rigoureusement toutes les loix de la discipline & de la subordination militaire; voilà, MESSIEURS, les premières armes du Chevalier DU MUY & ſes premières mœurs. Enfans des Héros, qui entrez dans la même carrière, apprenez à vous rendre dignes de vos hautes deſtinées.

Loin de ce jeune Sage, l'ancien préjugé de la Nobleſſe qui ne vouloit connoître que ſes armes. Il ſent combien l'étude eſt néceſſaire à un Guerrier pour développer ſa raiſon, pour adoucir ſes mœurs, pour élever ſon ame. Les loiſirs de la paix que les autres ont coutume de perdre dans une triſte oiſiveté ou dans de coupables amuſemens, il les conſacre à l'étude; non pas à cette frivole Littérature, à cette fauſſe Philoſophie qui amollit & qui corrompt les ames; non pas à cette manie dangereuſe des Sciences & des Arts, qui voudroit ſubſtituer à l'émulation militaire la gloire futile de l'eſprit, & qui nous feroit preſque regretter l'ignorance de nos anciens Braves. Que les Savans ſe livrent tout entiers à l'étude des Sciences, qu'ils meſurent la terre & les cieux, qu'ils célèbrent les exploits des Héros; pour vous, Noblesse Françoise, l'art de vaincre & de gouverner, voilà votre partage. A eux la gloire des Lettres, à vous la gloire des grandes actions. Sage, mais avec sobriété, le Chevalier DU MUY s'applique à l'étude, mais sans manquer à ses premiers devoirs; il cultive les Sciences, mais les Sciences de son état, la guerre & la politique: il cultive aussi les Lettres & la Philosophie, mais la Philosophie véritable, celle qui apprend à l'homme à dompter ses passions & à régler ses mœurs, la Philosophie de l'ame. Le Magistrat, le premier de son siècle par son génie comme par sa dignité, l'illustre d'Aguesseau, ne dédaigne pas de suspendre quelquefois les graves occupations d'un Chancelier de France pour diriger lui-même les études de ce jeune Guerrier. Ainsi le Chevalier DU MUY savoit allier avec l'art de la guerre les arts de la paix, & les travaux du Héros avec les études du Sage.

La ſçience de la ſageſſe ne ſera point pour lui une ſtérile ſpéculation; admirez, MESSIEURS, avec quel courage il entreprend de dompter les ſens par la vie la plus dure & la plus laborieuſe, & de ſoumettre ſon corps à ſon ame; avec quelle conſtance il combat ſes paſſions & de toutes la plus terrible, cette paſſion qui ſubjugue les ames les plus fières & les plus indomptables, le coupable amour des plaiſirs. Car ne penſez pas, MESSIEURS, que le Chevalier DU MUY ait été vertueux ſans efforts. Non, il n'a point eu le bonheur d'ignorer les paſſions; ſoutenu par la grâce, il a eu le mérite & la gloire de les vaincre. *Ignorare felicitatis eſt, vincere virtutis* (a).

Et juſqu'où, MESSIEURS, n'a-t-il pas porté la délicateſſe ſur la décence & la pureté des mœurs! Mais comment, dans un ſiècle auſſi déréglé, comment oſerai-je louer la pudeur d'un Guerrier? Guerriers

(a) *S. Cyprianus.*

françois, renommés dans l'Univers par votre bavoure, plût à Dieu que la gloire de vos exploits ne fût jamais flétrie par l'opprobre des mœurs! Quoi, la pudeur ne ſeroit à vos yeux qu'une ſervitude, un préjugé indigne de vous! Fiers eſprits, ſuſpendez un inſtant vos dédains. Eſt-ce ainſi qu'ont penſé de cette vertu tant de grands Hommes, qui en ont donné à l'Univers des exemples ſi éclatans, & pour ne nommer ici que les plus illuſtres, un Cyrus, un Alexandre, dont les conquêtes ont eu la gloire de fixer l'attention des Prophètes; un Scipion, le vainqueur de l'Afrique, & dont la continence fut élevée par les Romains au rang de ſes victoires. Héros modernes, comparez-vous à ces Hommes fameux, & oſez encore rougir d'une vertu dont ils ne s'honoroient pas moins que de leur valeur & de leurs exploits.

Éclairé des lumieres de la Religion & de la véritable Philoſophie, le Chevalier DU MUY eſt convaincu que la pudeur eſt le devoir & la vertu de tous les états; & quand il ne connoitroit que les honteux effets du profane amour, les foibleſſes, les déſordres, les délires, les opprobres, les malheurs qu'il traîne après lui, en faudroit-il davantage à cette ame élevée pour lui en inſpirer l'horreur? Ames pures, ames honnêtes, qui connoiſſez encore le prix de la vertu; venez révérer la pureté d'une Vierge dans le cœur d'un Guerrier. Ainſi que ce grand Homme, non moins célèbre dans les Livres ſaints, par ſon courage que par ſes malheurs, *il a fait un pacte avec ſes yeux pour qu'un regard ne profane pas ſeulement ſa penſée.* (*a*) Sainte pudeur, l'ornement des mœurs, l'honneur des corps, la gloire des ames; pudeur auguſte, quelle majeſté vous imprimez ſur le front d'un Héros!

Dans une de ces nobles Retraites, où des Vierges diſtinguées par leur

(a) *Job. c.* 3.

naiſſance vont ſe conſacrer au ſervice du Seigneur, ſans s'y engager par des liens indiſſolubles ; le Chevalier DU MUY avoit diſtingué une Vierge célèbre par ſa vertu, & par ce charme innocent qui ſemble embellir aux foibles yeux des hommes la vertu même. Que les ſens ſe taiſent ; c'eſt ici la gloire du ſentiment. Quoi de plus reſpectable, MESSIEURS, & de plus touchant que l'intime amitié qui unit ces deux ames pendant quinze années entières, ſans que la pureté la plus auſtère & la plus délicate ait pu s'allarmer. Cœurs vertueux, votre chaſte amitié peut devenir un ſentiment plus tendre ſans altérer votre innocence. Saint amour nuptial, dont le principe eſt dans l'ame ; heureux époux dont l'amour mutuel ſe confond dans l'amour ſacré de la vertu ! Qu'il eſt beau de marcher enſemble dans la voie de la perfection, de s'élever enſemble vers la Divinité, de s'aimer ſur la terre, comme on s'aime dans le ciel ! Mais, hélas ! à peine une alliance ſi digne d'être heureuſe eſt-elle conſacrée ; à peine le voile nuptial eſt-il étendu ſur leurs têtes, qu'il eſt couvert par le voile de la mort. O veuve, vraiment veuve & déſolée ! il me ſemble lui entendre dire, comme à la tendre & fidèle Noemi : ne me donnez plus mon ancien nom ; donnez-moi un nom plus conforme à l'amertume dont le Tout-puiſſant a rempli mon Ame : (*a*) ne cherchez point à diſſiper ma triſteſſe ; ma triſteſſe eſt trop chere à mon cœur : je ne veux connoître d'autre conſolation que de pleurer mon époux & penſer à ſes vertus. Veuve reſpectable, avec les ſentimens qui vous ſont dûs, jouiſſez encore, jouiſſez de la vénération que la France doit à la mémoire de votre illuſtre époux.

Ainſi, au milieu de la dégradation de ſon ſiècle, le Chevalier DU MUY honoroit la vertu par la pureté incorruptible de ſon cœur ; mais il ne lui ſuffit pas d'en être le diſciple fidèle,

(a) *Ruth. c. 1.*

il veut en être auſſi le défenſeur. Il voudroit la faire régner ſur tous les cœurs avec le même empire que ſur lui-même. Admis dans la confiance de l'héritier préſomptif du Trône, qui médite avec lui le plan de ſon règne, jugez, MESSIEURS, avec quelle ardeur il s'occupe de la reſtauration des mœurs. Que ne puis-je vous introduire dans le ſecret de cette vertueuſe politique ! Le Dauphin, & le fidèle confident de ſa ſageſſe, ne voient pas ſeulement dans les mœurs les intérêts ſacrés de la religion, (ce pieux motif auroit ſuffi ſans doute pour exciter leur zèle) ils penſent encore avec les Sages de tous les ſiècles, que ce n'eſt point la force qui règle la deſtinée des Empires, mais la vertu : ils n'auroient donc pas ſeulement ſoulagé la miſère du peuple; ils auroient réformé ſes vices, les vices, les calamités les plus cruelles des Nations ; ils n'auroient pas ſeulement voulu nous rendre heureux, ils auroient voulu nous rendre bons.

Faſſe le Ciel que LOUIS XVI accompliſſe les vœux de ſon vertueux père, & qu'il rétabliſſe les Mœurs par ſes loix, comme il les honore par ſes exemples.

Dans un temps où toutes les paſſions formentent avec tant de violence, & où, ſous le beau nom de Liberté, l'eſprit d'indépendance ſembleroit vouloir briſer le joug de toute autorité; je ſens, MESSIEURS, combien les vertueux principes du Chevalier DU MUY pourront déplaire à des Hommes, intéreſſés par le dérèglement de leur cœur, à les méconnoître. Mais que le vil libertinage ne vienne pas confondre ici ſa cauſe avec la reſpectable cauſe de la liberté. Quoi! Sparte, Athènes, Rome idolâtres, ces ſages Républiques où la liberté étoit ſi chère & ſi reſpectée, auront obſervé une diſcipline ſi rigide, pour tout ce qui pouvoit intéreſſer l'ordre & la décence des mœurs, elles auront établi des Magiſtrats pour veiller particulièrement sur cette partie de l'administration : & dans une Nation chrétienne, sous le spécieux prétexte de ne point troubler la liberté des Citoyens, il faudroit tolérer, comme des amusemens innocens, les plus honteux désordres & les écrits les plus licentieux ! parce que les loix ne peuvent régner sur les mœurs privées, elles ne pourront régner sur les mœurs publiques ; parce que les loix ne peuvent commander la vertu, elles ne pourront commander la décence ! non, la liberté ne fut jamais la licence. L'homme, & moins encore le François, la noble nation des Francs ; l'homme ne veut point de chaînes, mais il lui faut un frein, le frein des des loix. O licence, ô anarchie des mœurs, plus déplorable & plus contraire encore aux intérêts de l'humanité que le joug le plus rigoureux !

Tels étoient, MESSIEURS, les sages principes du Chevalier DU MUY, sur la discipline des mœurs. Placé par le Souverain,

Souverain, à la tête du gouvernement Militaire, avec quel zèle il va donc exécuter ſon vertueux ſyſtème ſur la partie de la Nation que la Providence vient de confier à ſes ſoins ! mais quelle étoit depuis long-temps la diſcipline de nos armées ? Nous avons entendu célébrer la perfection où vous avez porté l'Art des combats ; nous admirons la juſteſſe, la préciſion, l'agilité avec laquelle vous faites mouvoir tous ces nombreux bataillons ; les armées les plus célèbres, ces légions fameuſes qui conquirent autrefois l'Univers, peut-être les avez-vous ſurpaſſées dans cette partie de la Science militaire. Mais à travers cet appareil éblouiſſant, ſi nous conſidérons l'objet le plus eſſentiel, & que le Ciel a ſoumis à l'inſpection de ſes Miniſtres, l'état des mœurs ; quel ſpectacle affligeant ! les fonds deſtinés à maintenir dans les armées, le reſpect de la Religion & de la Vertu, détournés à des objets profanes & à de vaines décorations ; toute la diſcipline militaire réduite à un aveugle mécaniſme, tout ſacrifié à l'extérieur, nulle attention aux ames ; des hommes, des François, des Chrétiens abandonnés, ſans foi, ſans culte, ſans loi, ſans mœurs, comme des troupeaux d'animaux féroces que l'on dreſſeroit au carnage...

Ici, MESSIEURS, ſouffrez que je déplore devant une aſſemblée de Guerriers, l'injuſte dédain d'une Nation militaire pour une profeſſion ſi noble, la première origine de l'ancienne & véritable Nobleſſe françoiſe. Je ſais que les dignités Militaires n'ont rien perdu parmi nous de leur première gloire; mais de quel œil regardons-nous la profeſſion de Soldat : ſi la compoſition des Milices modernes n'eſt plus auſſi reſpectable que dans les anciens temps ; ſi cet état ſemble abandonné maintenant à la claſſe du peuple la plus miſérable; au milieu même de cette décadence, voyez les ſentimens dont le Soldat, & ſur-tout le Soldat François eſt toujours ſuſceptible. Le Chevalier DU MUY voit dans le Soldat le plus farouche, ſon concitoyen, ſon frère; une ame franche & courageuſe, capable de recevoir les impreſſions de l'honneur & de la vertu: & parmi ces malheureux Guerriers, que des eſprits ſuperbes daignent compter au rang des hommes, parmi les vieux Soldats raſſemblés dans ce noble aſyle, combien de prodiges, non-ſeulement de valeur, mais de généroſité, mais de magnanimité, enſévelis dans l'oubli, & qui mériteroient peut-être autant de gloire que les actions les plus célèbres de ceux qui les commandent? Combien de Héros inconnus, plus Héros peut-être que ceux qui les dédaignent! Injuſtes préjugés également contraires, & aux intérêts de l'État, & aux principes de la vertu, & à l'honneur même de l'humanité!

Enfin, un Sage va donc avoir aſſez de puiſſance pour ranimer dans la diſcipline Militaire, les ſentimens de vertu qui doivent en être l'ame & la gloire. Renouveler la rigueur des anciennes loix qui proſcrivent des armées le faſte & la molleſſe; rendre à nos Légîons les ſecours que la ſageſſe & la religion de nos Rois y avoient établis pour y maintenir les mœurs & la foi, & ne confier cette fonction qu'à des hommes auſſi reſpectables par leur vertu que par leur caractère ſacré; arracher les jeunes Guerriers aux intrigues & aux plaiſirs de la Cour & de la capitale, qui ne peuvent que dégrader leurs ames; les obliger à réſider ſous leurs drapeaux, au milieu des exercices & des nobles travaux de leur état; détruire la première cauſe de tous les déſordres qui déſolent les Armées, la dangereuſe oiſiveté, par des travaux qui occupent nos légions ſans les épuiſer; éloigner des emplois les Chefs indignes de commander, & dont l'exemple contagieux ſuffiroit pour pervertir les corps les mieux diſciplinés ; n'accorder les honneurs & les récompenſes qu'à ceux qui s'en rendront dignes par la ſageſſe & l'honnêteté de leurs mœurs, comme par leurs talens militaires & par leur courage ; voilà, MESSIEURS, les projets du Maréchal DU MÚY : déja il les avoit annoncés; déja la moleſſe avoit tremblé, & tous les vrais Guerriers avoient applaudi. Il n'eſt plus ; mais quel homme plus digne que ſon Succeſſeur, par ſa vertu, comme par ſa fermeté, de pourſuivre & de conſommer ce grand ouvrage, & de devenir le reſtaurateur des mœurs militaires de la Nation.

Chefs de nos Armées, Chefs de nos Légions ; c'eſt à vous à ſeconder, par votre vigilance & votre fermeté, les ſages projets du Gouvernement. Eh ! quelle reſſource puiſſante dans la ſubordination qui rend ſi dociles ſous vos mains les guerriers que vous commanmandez ! Voyez cette Légion fameuſe deſtinée à la garde de nos Rois, & que ſon illuſtre Chef a rendue auſſi reſpectable par ſes mœurs, que par ſon courage. A l'exemple du Maréchal DU MUY, inſpirez aux Soldats le ſentiment de l'honneur en honorant ſon état; inſpirez lui l'humanité par votre humanité envers lui-même; inſpirez-lui le reſpect des mœurs par la décence des vôtres; & vous verrez ces hommes farouches imiter vos autres vertus, comme ils imitent votre courage. La Milice françoiſe ne ſera plus compoſée d'une jeuneſſe licentieuſe; les citoyens honnêtes s'honoreront de donner des Soldats aux Armées, comme la Nobleſſe s'honore de leur donner des Chefs, & la France verra marcher ſous ſes étendards la Gloire avec la Vertu.

Mais bornerions-nous nos vœux à la réforme des mœurs militaires! Formons, MESSIEURS, formons des vœux auſſi étendus que ceux du vertueux Miniſtre que nous venons de perdre, pour la reſtauration générale des mœurs de toute la Nation. Nous voyons en ce moment tous les eſprits s'agiter & chercher de toutes parts les moyens de réformer les abus & de réparer nos malheurs. Il ne nous appartient pas de prononcer ſur leurs ſyſtèmes ; notre ſainte Milice dévouée aux choſes divines, ignore les affaires du ſiècle ; nous ne pouvons qu'applaudir à leur zèle, & former des vœux pour leurs ſuccès : mais que peuvent les plus beaux ſyſtêmes, que peuvent les loix ſans les mœurs ? Entendez ſortir cette vérité du fond des ombres du Paganiſme. *Que peuvent les loix ſans les mœurs* ? Prêtres & Pontifes du Seigneur, Paſteurs des Peuples, premiers ſurveillans des mœurs, & qui en répondons devant Dieu & devant l'Etat ; avec quelle ardeur nous devons travailler à leur régénération, par la vigilance & l'activité de notre zèle, & ſur-tout par la perſuaſion des exemples : mais que pourront tous nos efforts, s'ils ne ſont pas ſoutenus par l'autorité ? Vous tous qui possédez quelque portion de la puissance publique ; Ministres des Rois, Ministres des Loix, soutenez les Ministres des mœurs. Que tous les Chefs, que tous les Ordres de l'Eglise & de l'Etat ; que toutes les autorités se réunissent sous les auspices d'un Roi vertueux, pour rétablir le règne des Mœurs.

Jusqu'ici, MESSIEURS, nous avons ménagé les préjugés du siècle & la foiblesse de sa foi: nous n'avons encore célebré que des vertus commandées non-seulement par la Loi de Jesus-Christ, mais par cette premiere Loi que Dieu a gravée dans le cœur de tous les hommes, & que les erreurs du siècle n'ont pu encore effacer. Mais il est temps de satisfaire la piété des ames fidèles ; il est temps de nous élever au plus haut point de la gloire du Maréchal DU MUY, aux Vertus surnaturelles qui ont été le principe & la perfection de toutes ses autres vertus. C'est le sujet de la troisième partie.

TROISIEME PARTIE.

Si le Maréchal DU MUY ne s'étoit ſignalé que par des vertus humaines, ſi la Religion n'avoit pas donné à ſes actions le germe de l'Immortalité; nous aurions abandonné aux profanes le ſoin de célébrer la triſte gloire de leur ſemblable, & nous laiſſerions les morts enſévelir & honorer leurs morts: mais je parle d'un Sage qui a ſanctifié, qui a immortaliſé ſes vertus par les divins motifs de la Foi, & dont la haute Piété a fixé l'attention de ſon ſiècle, & lui a mérité la vénération de tous les hommes vertueux. Ames pieuſes, avec quelle conſolation vous allez donc entendre cette partie de ſon Éloge! mais comment ſera-t-elle accueillie dans un ſiècle où l'irréligion a repréſenté la Piété ſous des traits ſi odieux? Écartons aujourd'hui les nuages dont l'ignorance & la malignité des hommes l'ont injustement enveloppée. Présentons à ce siècle un homme aussi éloigné de la crédulité des esprits foibles que de l'incrédulité des esprits forts, aussi opposé à la superstition qu'à l'impiété même ; & que la Piété du Maréchal DU MUY devienne l'apologie de la véritable Piété. Voici la Religion pure & sans tache : *Religio munda & immaculata hæc est* (a).

Ne vous figurez donc pas ici, MESSIEURS, une piété qui se laisse aveugler par les préjugés de la superstition. La foi du Chevalier DU MUY est comme son cœur, aussi sage & aussi noble qu'elle est simple. Il ne veut offrir à l'Être suprême que le culte le plus pur, le plus raisonnable, le plus digne de la Divinité. S'il respecte l'autorité de notre saint ministère, ne pensez pas qu'il se soit jamais laissé dominer par une aveugle confiance qui ne nous est pas due ; car à Dieu ne plaise,

(a) *Epist. S. Jac. c.* 1.

MESSIEURS, que nous voulions profiter de notre aſcendant ſur les ames pieuſes, pour exercer ſur elles une domination qui nous eſt interdite. Hommes d'Etat qui aurez à traiter avec lui, ne craignez point de rencontrer en lui des préjugés ; vous n'y trouverez que des principes. Ne craignez point que les devoirs de la Religion lui faſſent oublier ceux que la Religion elle-même lui impoſe envers l'Etat : en même tems qu'il eſt pénétré de la vénération la plus profonde pour le petit nombre d'ames choiſis que Dieu appelle à lui par la voie ſublime de la contemplation, & qui ſervent mieux ſans doute les Nations par leurs prieres & leurs vertus que les conditions les plus laborieuſes de la vie humaine ; il ne craint pas de dire, & cette maxime vous étonnera dans la bouche d'un homme d'une piété ſi éminente ; il ne craint pas de dire qu'*en général l'homme eſt fait pour travailler plutôt que pour méditer* ; que la Religion a dévoué tous les hommes, ſans en excepter même ceux qu'elle a conſacrés plus particuliérement à ſon culte, Pontifes, Prêtres, Cénobites; qu'elle nous a tous dévoués à l'utilité publique; que tel eſt l'eſprit & la gloire du Chriſtianiſme: *Hæc Chriſtianiſmi perfecta régula publicæ utilitati conſulere* (a). Satisfaire aux choſes Divines, ſans manquer aux choſes Humaines, voilà la règle de ſa piété. Que dis-je, MESSIEURS, ne ſembleroit-il pas même donner quelquefois la préférence aux choſes humaines ſur les choſes divines? Commander une évolution, marcher au combat quand ſon devoir l'y appelle; ou bien écouter les plaintes d'un malheureux, protéger un brave guerrier, défendre un opprimé; ces actions ſanctifiées par un motif ſacré, lui paroiſſent un hommage plus agréable encore au Seigneur, que s'il étoit proſterné aux pieds de ſes autels. Le Dieu qu'il

(a) *S. Chryſoſt.*

adore, a dit : *La miſéricorde eſt au-deſſus des ſacrifices.* » Aimer & ſer- » vir ſon prochain, eſt au-deſſus » de tous les holocauſtes : *Diligere proximum ſuum majus eſt omnibus holocautomatibus* (a).

Qui ne ſait le zèle dont il étoit conſumé pour la gloire de la Religion ? mais apprenez auſſi, MESSIEURS, combien il étoit éloigné de ce dangereux eſprit de parti qui exalte quelquefois des ames plus ferventes qu'éclairées. Au ſaint enthouſiaſme de la vertu il joint le ſang-froid de la ſageſſe & l'impartialité de la juſtice. Interrogez les Sages du ſiècle qui ont eu des rapports avec ce pieux Philoſophe : par-tout où il voit le bien, il le loue ; par-tout où il voit le mal, il le condamne. Mais quelle étoit ſurtout ſon indignation contre les intrigues & les artifices des faux zélateurs ! Que le vice ait recours à ces laches reſſources, il n'en eſt point ſurpris ;

(a) *Ev. Marc.* c. XII.

elles ſont dignes des méchans & de la cauſe qu'ils défendent ; mais employer pour une fin vertueuſe de coupables moyens, recourir aux Enfers pour venger les Cieux, ah ! malheur au faux zèle quel qu'en ſoit le motif, quel qu'en ſoit le ſuccès ! Jamais, non jamais le pieux Chevalier DU MUY n'a voulu défendre la Religion que par la Vertu.

Mais quel préjugé plus injurieux à la piété, puſqu'il tendroit à lui enlever les grandes ames ! n'a-t-on pas oſé dire qu'elle affoiblit le courage, & quelle éteint la valeur ? J'en appelle à votre gloire, pieux & magnanimes Héros des premiers âges du Chriſtianiſme, vaillans & religieux Chevaliers des ſiècles héroiques de cette Monarchie, Héros François, qui aviez hérité de leur Religion comme de leur vaillance, & qui avez porté ſi haut la gloire de nos armes & du nom François. La piété incompatible avec la magnanimité ! Eh ! quel ame plus pieuse, plus simple, plus modeste que celle du Maréchal DU MUY ? & en même temps, quelle ame plus fière & plus intrépide au milieu des combats ? quelle ame plus ferme, plus noble, plus généreuse ? Ah ! bien-loin que la piété eût affoibli l'ame de ce vertueux Héros, quel autre ressort que les divins motifs qu'elle inspire, quelle autre main que la main de Dieu même auroit pu l'élever à ce haut degré de courage, & la soutenir dans cet équilibre inaltérable qui lui a mérité l'admiration de son siècle, & qui eût fait l'étonnement du Portique ? Point de grand homme, disoit un ancien Sage, avant même que Dieu se fût révélé aux Nations, point de grand homme sans une inspiration divine : *Nemo vir magnus, nisi afflatu aliquo divino* (a). Que la piété est donc sublime quand elle trouve des ames assez vastes pour y déployer toute sa grandeur & sa majesté !

(a) *Cic. de Nat. Deor.*

Loin du Maréchal DU MUY cette piété ſombre & inquiète qui deſſèche les ames & qui les trouble par de vaines terreurs ; il a des ſentimens plus dignes de la bonté de ſon Dieu. *Je fais*, diſoit-il, dans la ſimplicité de ſon cœur, *je fais de mon mieux ce qui m'eſt ordonné, Dieu n'en exige pas davantage de notre foibleſſe.* Et que ne puis-je vous manifeſter ici l'ame de ce Juſte & vous y montrer cette paix que le monde ne peut ni donner ni ravir, & qui ſurpaſſe tout ſentiment ; cette paix pleine de douceur & de majeſté ; la paix, l'aimable paix de l'innocence ! Que le trouble, diſent les Saints, que le trouble agite les ames foibles & imparfaites, mais que la tranquillité ſoit le partage des parfaits : *Illic turbatio, ubi modica fides ; illic ſecuritas, ubi perfecta dilectio* (a). Voilà, MESSIEURS, la Piété du Maréchal DU MUY ; voilà la Religion pure & ſans tache : *Religio munda & immaculata hæc eſt.*

(a) *S. Ambroſ. Explic in Ev. Luc.*

Monde profane, à ces traits céleſtes reconnoiſſez-vous cette piété dont on vous avoit tracé un portrait ſi lugubre ? fantôme odieux, auſſi contraire à l'eſprit de l'Évangile, qu'aux principes de la raiſon ! Diſons-lui nous mêmes, anathème. Oui, anathème à la ſuperſtition, comme à l'impiété même ! anathème à la fauſſe piété, comme à la fauſſe philoſophie ! Qu'elles ſoient des ennemis irréconciliables ; nous les abandonnons à leur fureur ; & puiſſent-elles ſe détruire & ſe conſumer mutuellement, & délivrer enfin la raiſon humaine de leurs funeſtes délires ! Divine Piété, fille du Ciel, nous ne vous demandons point, comme les enfans du tonnerre, que vous écraſiez les ennemis de votre gloire : paroiſſez à leurs yeux ; montrez-vous telle que vous êtes, telle que vous paroiſſiez aux yeux de ce pieux Héros : que vos ennemis vous voyent, & qu'ils rougiſſent de vous avoir outragée ; qu'ils vous voient, & qu'ils ſéchent de douleur de vous avoir abandonnée.

Tele eſt, MESSIEURS, la ſublime & conſolante idée que le Chevalier DU MUY s'étoit formée de la Piété ; combien donc elle étoit digne de cette grande ame ! Auſſi avec qu..lle conſtance inébranlable il l'a conſervée au milieu des ravages dont l'impiété a déſolé ſon ſiècle, & avec quelle noble aſſurance il n'a ceſſé de la manifeſter ? Exempt de foibleſſe, comme d'oſtentation, il ne rend point à ſon Dieu ſes hommages en ſecret ; comme l'intrépide Daniel, il l'adore à la face de la Cour, au milieu des armées. La préſence des Princes & des Rois étrangers, qui ne ſuivent pas le même culte, ne peut ſuſpendre les exercices de ſa foi. *Je croirois*, dit-il à l'un d'eux, *je croirois manquer au reſpect que je vous dois, ſi je manquois devant vous à ma Religion.* Et quel reſpect n'avoit-il pas impoſé au monde & à l'impie même, par la franchiſe &

la ſainte fierté de ſa vertu ? Il ne ſe borne point à croire les vérités de la Religion ; il veut en accomplir tous les devoirs. Cet eſprit juſte & conſéquent ne connoît point de milieu entre l'incrédulité & l'obſervance la plus régulière de la Loi. Sa raiſon rougiroit, comme ſa foi, de contredire ſes principes par ſes actions. Ames pieuſes, mais tièdes & légères, & dont la moindre diſſipation éteint la ferveur ; venez voir au milieu du tumulte des camps & du bruit des armes, un Guerrier qui médite ſous ſa tente la Loi de ſon Dieu, comme un Solitaire au fond de ſa retraite ; venez admirer le Miniſtre d'un grand État, qui ſait concilier, avec les plus graves occupations du ſiècle, la méditation des choſes céleſtes. Que n'aurois-je pas encore à vous raconter, MESSIEURS, des merveilles que la Grâce opèroit dans cette ame ? Mais combien de vertus que ce ſiècle n'eſt pas digne d'admirer, & que nous sommes obligés de soustraire à des yeux trop foibles pour en soutenir l'éclat ! *non potui vobis loqui quasi spiritualibus.* (1)

Et maintenant, MESSIEURS, qui oseroit faire encore à la profession des Armes, l'injure de croire qu'elle seroit incompatible avec la Piété ? Guerriers vertueux, vous pouvez donc, comme le pieux Guerrier dont vous honorez la mémoire ; vous pouvez porter sous vos armes, & au milieu du tumulte des combats, une piété aussi agreable au Ciel que dans le silence de la solitude. Piété militaire, piété moins recueillie, moins affectueuse peut-être que dans des conditions plus paisibles ; mais piété simple, franche, courageuse, & qui semble participer à l'héroïsme de votre noble profession. Contemplez les anciens Guerriers retirés dans cet Asile

(a) *1. ad Cor. c. 3.*

royal, & dont la piété décore mieux encore ce Temple Majeſtueux que toute ſa magnificence. Quel ſpectacle, MESSIEURS, de les voir, à toutes les heures du jour, proſterner aux pieds de ce ſanctuaire du Dieu des Armées, des corps chancelans, épuiſés & devenus ſi vénérables par les rides de la vieilleſſe & les cicatrices de la valeur ! Mais quelle révolution a menacé cet établiſſement illuſtre ? Monument le plus beau du plus beau règne, vous avez donc chancelé vous-même ſur vos fondemens, & vous avez penſé devenir un nouvel exemple de l'inſtabilité des choſes humaines ! Déjà cette École célèbre que LOUIS XV venoit délever pour former notre jeune Nobleſſe à l'art des combats, déjà elle s'évanouit à nos yeux. O Rois, formez des établiſſemens pour immortaliſer vos noms ; élevez de ſomptueux édifices ; les ravages des tems n'auront pu les ébranler encore ; que dis-je ? Ils ne feront pas achevés, & déjà ils ne seront plus ; le souvenir de vos bienfaits & de vos vertus, voilà, voilà le seul monument indestructible. Ombre auguste de LOUIS XV, consolez-vous, votre Successeur n'a pas anéanti votre ouvrage ; il ne l'a changé que pour mieux exécuter vos intentions généreuses. Avec moins d'appareil, il veut répandre plus de bienfaits, & toujours les Enfans de votre brave & pauvre Noblesse seront les Enfans adoptifs de nos Rois. Pour vous, respectables Guerriers, nous ignorons encore votre destinée ; mais quelle que soit la décision du Souverain, bénissez toujours sa bonté qui ne cherche que votre bonheur ; jamais la main bienfaisante de votre Roi ne cessera d'être l'appui de votre vieillesse. S'il vous dispersoit dans les Provinces, allez jouir paisiblement de ses bienfaits dans les régions qui vous ont vu naître ; s'il vous laisse rassemblés dans ce noble Asile, dont la splendeur même est si intéreſſante pour la gloire de la Nation ; puiſſiez-vous l'orner & l'affermir de plus en plus par vos vertus ! Puiſſe le même eſprit de piété ſe perpétuer ici d'âge en âge, & mériter à cet auguſte monument d'être immortel comme la Monarchie !

Guerriers vertueux, il eſt donc vrai ; & nous ne pouvons trop vous répéter une vérité ſi conſolante pour vous ; il eſt donc vrai que la piété, & la piété même la plus éminente, peut ſe concilier avec la tumultueuſe profeſſion des Armes. Voyez à quel degré de perfection la grâce avoit élevé l'ame de ce pieux Guerrier. Quel généreux détachement de toutes les choſes du monde ! Quelle parfaite réſignation aux volontés du Ciel ! Quelle tranquilité au milieu des révolutions qui agitent & qui conſternent les foibles mortels ! Quelle conſtance aux approches de cette opération cruelle qui va lui coûter la vie ! Il en fixe ſans émotion l'appareil terrible : il vaque juſqu'aux derniers momens aux affaires publiques : jamais il n'avoit montré plus de calme & de ſérénité. Il va prendre les derniers ordres du Roi : attendri par l'idée qu'il voit peut-être pour la dernière fois ſon jeune Souverain, mais ſoutenu par ſon courage : *Sire*, dit-il, *avant trois ſemaines, je ſuis dans votre Conſeil ou dans mon Tombeau.* Vous croirez du moins, MESSIEURS, qu'une ame ſi religieuſe va prendre des précautions extraordinaires pour ſe diſpoſer à la mort ; non, l'attente, la préſence même de la mort ne pourra troubler l'ordre qu'il s'eſt preſcrit ; dans cette ame forte & vertueuſe, la raiſon & la grâce avoient depuis longtems prévenu le trépas. *Je ne vous ai point apelé*, dit-il au confident de ſa conſcience, *pour me préparer à la mort, il y a trente-huit ans que je ne me ſuis couché ſans me mettre en état, autant qu'il étoit en moi, de paroître devant Dieu. Je ne tiens à la vie ni*

à

à mes places ; au moment où je vous parle, tout est prêt pour mourir. Divine prérogative des Justes, de pouvoir envisager avec cette céleste assurance & la mort & l'éternité !

Au milieu des douleurs les plus violentes que puisse endurer notre foible nature ; transportée par la sainte espérance hors de l'état présent, déjà, déjà cette grande ame semble reposer au sein de la Divinité. Quel est son empire sur le corps qu'elle anime ! Elle a défendu à ce corps souffrant de gémir ; si elle lui permet un soupir, il n'est point pour la douleur, il est pour la tendresse, il est pour sa fidèle épouse. *Hélas !* dit-il, *je l'avois épousée pour faire son bonheur, & ma mort va faire le malheur de sa vie :* mais s'il laisse sur la terre une épouse désolée : il va rejoindre cet auguste Ami, qu'il n'avoit cessé de pleurer. Il rappelle à son cœur la parole gravée sur sa tombe : *Huc usque luctus meus !* Enfin donc, enfin mon ame va ſe réunir à mon vertueux Prince dans le ſein de la Divinité, tandis que ma dépouille mortelle va repoſer aux pieds de ſes cendres chéries ; enfin je touche au terme de ma douleur, *huc uſque luctus meus !* N'attendez point les maximes faſtueuſes de ces faux Sages qui voudroient que leurs derniers ſoupirs fuſſent encore fameux ; le vrai courage ne connoît point l'oſtentation : le Maréchal DU MUY veut mourir avec la même ſimplicité qu'il a vécu, & la mort n'eſt pour lui, comme il l'avoit ſouvent répété lui-même, *la mort n'eſt pour lui que la dernière action de ſa vie.*

Fidèles amis du Juſte que la terre vient de perdre; Vous ſur-tout, ſon tendre & vertueux frère, qui vous flattiez d'être préſervé par votre foibleſſe & vos années, du malheur de ſurvivre à ce frère chéri ; qu'elle douleur a pénétré votre ame ! que ceux qui n'ont point les conſolations de la foi & de la vertu, que les impies ne ceſſent de pleurer ſur les tombeaux des impies : Hélas ! nous ne connoiſſons point de ſoulagement à leur douleur ; la mort a tout englouti pour eux dans l'abîme du ſépulcre ; mais vous, âmes pieuſes, pourquoi vous affligeriez-vous, comme ceux qui n'ont point d'eſpérance. Aveugles que nous ſommes, nous regardons le trépas des Juſtes comme un malheur, & ils jouiſſent de la véritable paix, de la véritable vie. Dans le langage ſublime de la Religion, le jour de la mort d'un Juſte eſt appellé le jour de ſa naiſſance ; la mort eſt la vie, la mort eſt l'immortalité.

Ne pleurons donc plus ſur ce Juſte, mais pleurons ſur nous-même ; pleurons ſur le Royaume qui vient de le perdre. Dans un temps auſſi ſtérile en vertus, quelle calamité que la mort d'un homme auſſi vertueux ! Pleurons ſur les maux qui déſolent ce ſiècle & cette Nation, & qu'une mort prématurée ne lui a pas permis de réparer ; Pleurons, comme ce nouveau Matathias, ſur *la décadence de notre Peuple*

& de la Cité ſainte (*a*). Car ne nous laiſſons pas tromper par de vaines apparences : à travers nos lumières & la douceur ſéduiſante de nos mœurs, à travers cette oſtentation & cette ferveur paſſagère d'humanité qui nous éblouit ; François, connoiſſés les maux qui fermentent au ſein de votre patrie. Nous ſavons les progrès des Sciences, nous ſavons les ſervices importans qu'elles pouvoient rendre aux Nations ; ah ! ſi la raiſon avoit ſu ſe contenir dans ſes limites, quelle heureuſe époque dans l'hiſtoire de cette partie de l'Univers ! Mais quel abus des Sciences, plus dangereux que l'ignorance même de nos Pères ! Pour détruire la ſuperſtition des anciens temps, falloit-il par un remède dévorant, attaquer la Religion même? Depuis que les principes ſacrés de la Foi ont été ébranlés, voyez l'ébranlement général de tous les autres

(*a*) *Machab.* C. 2.

principes ; l'anarchie des opinions qui a produit l'anarchie des mœurs, les ſentimens honnêtes qui ſe flétriſſent, l'antique honneur qui s'éteint, le zèle pour l'état qui ſe réfroidit, le mépris des Loix, l'eſprit deſtructeur qui tend à renverſer les principes de toute vertu, de toute autorité. Ainſi la Philoſophie (& n'a-t-elle pas eu la franchiſe de faire elle-même cet aveu contre ſes propres excès !) « ainſi la Philoſo-» phie détruit d'abord les erreurs ; » mais ſi on ne l'arrête, elle attaque » enſuite les vérités, & elle va ſi loin » qu'elle ne voit plus elle-même où » elle eſt, & qu'elle ne ſait plus s'aſ-» ſeoir ». Ainſi les mœurs ſe dégradent à meſure que la Religion s'affoiblit dans l'eſprit des peuples ; ainſi la dégradation des mœurs entraîne la décadence des qualités les plus eſſentielles pour le bien public ; ainſi les Nations les plus illuſtres ont vu périr leur puiſſance écraſée ſous leurs vices ; ainſi dans tous les temps, le Ciel a vengé la vertu : fatale révolution qui préſentoit aux yeux du Maréchal DU MUY l'avenir le plus effrayant, pour la vie préſente, comme pour la vie future !

Mais prenons garde de nous laiſſer décourager par nos malheurs. Si cette ame ferme ne pouvoit s'empêcher de frémir à la vue des périls qui menaçoient ſa patrie, jamais elle ne déſeſpera du ſalut public. O France, avec tes maux, connois donc auſſi tes reſſources ! Malheur à celui qui blaſphémeroit contre ſa Nation ! Nation Françoiſe ; Nation ſenſible & généreuſe au milieu même des illuſions qui t'aveuglent, Nation douce, éclairée, magnanime, ſi flexible ſous les mains qui te gouvernent ; ton ancien eſprit eſt altéré, mais il n'eſt point anéanti ; non le feu ſacré de l'honneur, de la vertu, de la piété, n'eſt point éteint parmi les François. Que dis-je ? au moment même où l'impiété s'applaudiſſoit davantage de ſes ſuccès, au milieu même de cette Capitale, le centre & le foyer de la contagion générale, déjà n'avons-nous pas vu l'ancienne ferveur ſe rallumer dans ces jours de grâce & de ſalut, avec un éclat qui nous a nous-même étonnés! Quelle conſolation pour le vertueux Pontife à qui le Ciel a confié cet illuſtre troupeau! *Accenſus eſt ignis magnus, ita ut omnes mirarentur* (*a*).

Mais quelle confiance doit encore nous inſpirer la vertu du jeune Prince que la Providence vient de placer à la tête de cette Nation! Si nous parlions en ce moment devant lui (& peut-être que ce foible Diſcours parviendra juſqu'au pied de ſon Trône; l'éloge du vertueux Ami de ſon vertueux Père a des droits ſur ſa ſenſibilité) nous lui dirions: Sire, du milieu des funérailles de votre fidèle Miniſtre, d'un homme

(*a*) *Machab. L.* 2, *C.* 1.

dont la mémoire doit vous être si chère; qu'il nous soit permis d'élever la voix jusqu'à VOTRE MAJESTÉ, & de vous exprimer ses sentimens ! Nous Bénissons avec lui cette sagesse prématurée, cet esprit d'ordre de justice, d'humanité, qui déjà préside à vos Conseils, & cet amour que vous montrez pour la portion de vos sujets la plus malheureuse, pour les pauvres de votre peuple. Mais en vain vous chercheriez dans la sagesse de vos Conseils, les moyens de rendre votre peuple heureux; s'il est vicieux, toujours il sera misérable; toujours le vice viendra détruire votre ouvrage. En vain vous entreprendrez de rétablir dans vos États le règne des mœurs, si vous ne rétablissez le respect de la Religion, le seul frein qui puisse contenir les passions des peuples. Enfant de Henri IV, vous êtes aussi l'enfant de Saint Louis : vous ne montrerez pas moins de zèle pour les intérêts sacrés de la Religion & de la Vertu que pour le bien de l'humanité : & que ne peut un Roi si puissant sur l'esprit d'une Nation si fidèle & si attachée à ses Maîtres ! *Un Roi*, a dit l'esprit de Dieu, *un Roi qui est assis sur le Trône du jugement, dissipe tout le mal par son regard* (*a*). Oui, Prince, & nous n'exagerons point votre puissance, que le vice soit constamment frappé de votre disgrâce; que la vertu, & la vertu seule, ait part à vos faveurs; & vous verrez l'Honneur, les Mœurs, la Piété refleurir dans votre Cour & dans toutes les parties de votre Empire; & avec les vertus vous verrez revivre la prospérité de votre peuple, & l'ancienne gloire de votre monarchie. Les vœux de votre vertueux PÈRE & de votre fidèle Ministre, seront accomplis: Vous serez le plus puissant des Rois, & votre peuple sera le plus heureux des peuples.

Protecteur des Peuples & des Rois; souvenez-vous dans votre miséricorde,

(*a*) Prov. C. 20.

de cet homme juſte, qui étoit ſi zèlé pour ſon Prince & ſa Patrie : Souffrez que nous vous renouvellions ſur ſon tombeau, les vœux qu'il ne ceſſoit de vous adreſſer pour leur bonheur & leur véritable gloire. Veillez du haut des Cieux, ſur la jeuneſſe du nouveau Joſias, que vous venez d'élever ſur le Trône de ſes Pères. Béniſſez, ſoutenez ſes efforts pour bannir les vices du milieu de ſon peuple, & pour *rétablir la piété dans les jours des pécheurs* (*a*). Jettez auſſi un regard propice ſur cette Nation que vous avez protégée depuis tant de ſiécles, ſur le Royaume Très-chrétien, ſur le patrimoine des Fils aînés de votre Egliſe. Que les impiétés de ce ſiècle ne détournent point de nous votre miſéricorde. O vous, à qui la mer & les vents obéiſſent, commandez aux eſprits agités & vous calmerez leur effervefcence, & vous les ferez

(*a*) *Eccl. C.* 49.

rentrer dans les bornes de la ſageſſe. Avec les lumières que vous avez répandues ſur ce ſiècle, daignez y ranimer les mœurs & la foi de nos Pères; ainſi vous rétablirez la félicité de cette Nation, & ce bonheur paſſager ſera encore pour nous l'augure & le gage d'un bonheur qui ne va pas ſe perdre dans le tombeau des générations, mais qui s'élève juſqu'aux ſiècles éternels.

APPROBATION.

J'Ai lu, par ordre de Monſeigneur le Garde des Sceaux, l'*Oraiſon Funebre de M. le Maréchal du Muy, prononcée par Monſeigneur l'Evêque de Senez.* Ce diſcours m'a paru marqué au coin de cette éloquence noble & vigoureuſe qui caractériſe toutes les productions de l'illuſtre Orateur. Il a ſu profiter des avantages que donne la ſainte liberté du Miniſtere Evangelique pour préſenter des vérités auſſi intéreſſantes qu'inſtructives. A Paris le 7 Mai 1776. RIBALLIER.

De l'Imprimerie de la Veuve BALLARD rue des Mathurins.

www.ingramcontent.com/pod-product-compliance
Lightning Source LLC
Chambersburg PA
CBHW050624210326
41521CB00008B/1374
9782013013741